Les Cavalières

Tome 2 : Rendez-vous à Lamotte

Scénario

Virginie Bruneau

Dessins

Virginie de Lambert

Couleurs

Adeline Darot

Résumé du Tome 1

Les Cavalières

Nouveaux Personnages

Jade

On pensait avoir touché le fond de la méchanceté avec Julie (enfin, cette Julie-là bien sûr, pas TOUTES les Julie du monde !).

Eh bien on se trompait. Car dans ce domaine, Jade est encore plus inventive que « *Lolita* » (le pseudo que les Miss ont donné à Julie). Comme quoi...

Mme Bourdion

Prétentieuse, mauvaise cavalière, snob, Madame Bourdion est une propriétaire de chevaux comme on n'en voit jamais, bien sûr, dans le monde de l'équitation... Quoique.

Retrouve-nous sur notre Blog :
BD-lescavalieres.skyrock.com

RETROUVE TOUS MES CONSEILS À LA FIN DE CETTE BD.

PFFFFF, J'Y CROIS PAS QU'ON SOIT EX-AEQUO.
OUAIP ! S'ILS PENSENT QU'ON VA SE GROUPER AVEC JULIE.
TROP PAS !
SNUF SNOUF SNUF
POURTANT, IL EST VRAIMENT BIEN NOTRE PROJET.
HORSE HOSPITAL
C'EST COOL DE CRÉER DES ÉCOLES D'ÉTHOLOGIE ET DE SOINS GRATUITS DANS LES PAYS PAUVRES.
IL FAUT PAS QUE JULIE GAGNE LE PUR-SANG ARABE.
EN PLUS, ELLE N'EST PAS ASSEZ DOUCE POUR MONTER UN POULAIN.
MOI, JE RÊVE TROP D'EN AVOIR UN.
MOI AUSSI
CARRÉMENT
.1

MOI, J'ADORE LES QUARTER...
... AND MY COOLBOY*
MAIS AU FAIT, POURQUOI VOUS AIMEZ PAS JULIE ?
*ET MON COOLBOY !
L'AN DERNIER, À LAMOTTE, ELLE A MIS DU PRODUIT CHAUFFANT DANS LES BANDES DE GUIGUI POUR QU'IL NE TOUCHE PAS LES BARRES.
HÉ HÉ HÉ
QU'EST-CE QU'IL A, JULIE ?
OH, RIEN IL AIME PAS LES TAONS.
ELLE CROYAIT QUE PERSONNE NE SE DOUTERAIT...
MAIS CHACHA ET MOI, ON AVAIT TOUT ENTENDU EN PASSANT DEVANT ELLE ET ALIZÉ.
MAIS C'EST NUL !
MMMMMMMM
ÇA NE NOUS A PAS EMPÊCHÉES DE GAGNER, ET SEULEMENT À TROIS ! REGARDE NOTRE SCRAPBOOK.
Arrivée à Lamotte : nous !
Là, c'est nos tentes
1er jour, détente sous la pluie !
La chute de Julie et Guigui
Andréa : ZÉRO FAUTE !
On est CHAMPIONNES de FRANCE
On gagne la 1e épreuve !
2e jour : Andréa loupe le témoin !
Mais Chacha et Lili sont à DONF !
3e jour : Chacha fait une barre !
POK

2

*JULIE NE DOIT PAS GAGNER !

*MAUDITS FAISANS !

3

*HA HA, RESTEZ AVEC MOI LES FILLES ! GENTIL COOLBOY !

*OUBLIE. ON VA LES BATTRE.

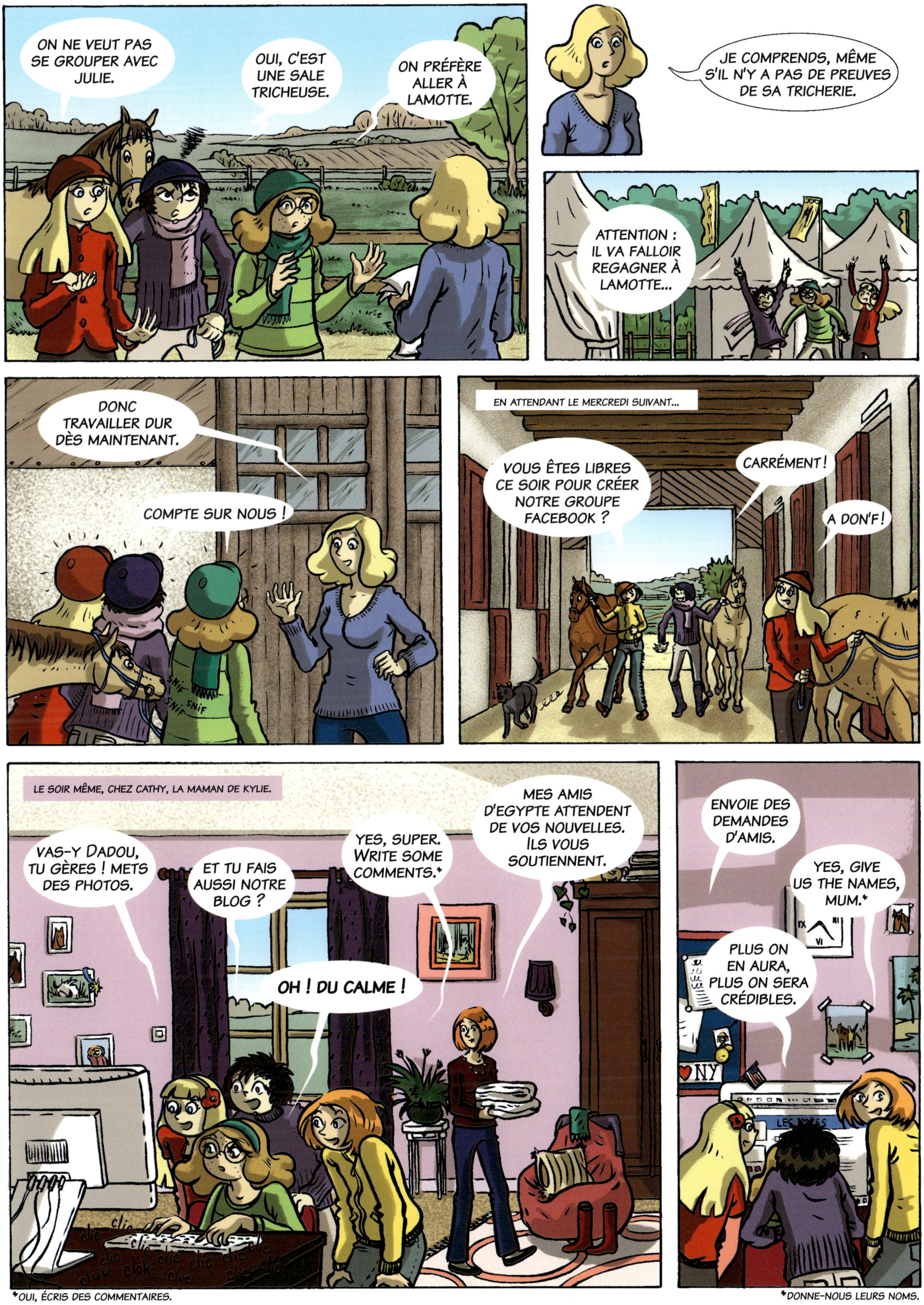

5

*OUI, ÉCRIS DES COMMENTAIRES.

*DONNE-NOUS LEURS NOMS.

ET LE MERCREDI SUIVANT...
BONJOUR TOUT LE MONDE. AVANT QUE VOUS SELLIEZ, J'AI QUELQU'UN À VOUS PRÉSENTER.
VOICI JADE ET SON PUR-SANG ARABE : NARIZ.
SALUT !
T'AS VU ÇA, BEN ?
SÛR JÉREM' !
WAHOOOUUUU ! TROP BEAU.
NARIZ ET MOI, ON EST CHAMPIONS DU NORD. J'AI 14 ANS.
SNIF SNIF SNIF
COOL ! MOI, JE M'APPELLE JULIE.
ET MOI, ALIZÉ HI, HI, HI...
GRRRRRRRÔÔÔÔÔÔÔÔ
TU POURRAIS FAIRE PARTIE DE MON ÉQUIPE.
OH OUI, OH OUI !
BAH... ET MOI, ET... JÉREM' ?
BAH... ET MOI ?
ON COMPTE POUR DU BEURRE OU QUOI ?
CH'AIS PAS, BEN, MAIS ÇA CRAINT.
POK

VIENS, ON VA VOIR LES MISS.
OUAIS, ELLES SONT PLUS COOL, SURTOUT KYLIE.
MAIS... QUI A MOUILLÉ MON TAPIS ?
SNIF SNIF
MAIS, C'EST DU PIPI DE CHAT !
HÉ ! ON S'EST FAIT TEJ' PAR JULIE.
OUAIS !
BAH, C'EST BIEN FAIT.
VA TE PLAINDRE À ALIZÉ.
MAIS... IL LE FAIT !
OK, TU VIENS, BEN ?
IL EST OÙ CE CHAT ?
EUH... VAS-Y, JE RESTE.
MISFIT
SALUT ALIZÉ, TU VIENS TE BALADER ?
EUH, OK JE PRÉPARE FITOU.
PSSSSSSS
BLABLABLA
AH ! VIENS ICI, TOI !
NON MAIS T'AS VU, TAGADA, ILS PARTENT AVEC VIRUS.
ILS ONT DU BOL D'AVOIR LEURS CHEVAUX.
TU VAS FAIRE QUOI, BEN, SI JULIE TE JETTE ?
CH'AIS PAS TROP.
MIAWWWW

7

PONK !
AAAHHHH
BÊÊÊÊ
WOU WOU WOU
NAN MAIS JE RÊVE, MA MEILLEURE AMIE PARTIE AVEC JÉREM'.
IL EST MIGNON DIS DONC.
EUH... OUI, C'EST MON PETIT AMI.
TIENS ? ON DIRAIT PAS...
IL FAIT PARTIE DE MON ÉQUIPE POUR LES CHAMPIONNATS.
WOU WOU
BÊÊÊÊÊ
MNIÔM CRUNCH
SI TU FAIS AUSSI PARTIE DE MON ÉQUIPE, ON EST SÛRES DE GAGNER LE PUR-SANG ARABE !
OH OUI, GÉNIAL.
BÊÊÊÊÊ
HHHHH HHHHHH HHHHHH
WOU WOU WOU
FACILE : IL SUFFIT QU'ON BATTE CES IMBÉCILES DE MISS AVEC LEURS CHEVAUX DE CLUB.
AH ! AH ! AH !
OH NON, ARRÊTE !
AH ! AH !
VISE-MOI CES TRUFFES EN TRAIN DE JOUER.
ON VA LES FUMER.
YES !
CLAP !
À LA VIE, À LA MORT !
ET ON VA POURRIR LEUR FACEBOOK.

*ANGIES = ANGES. TU DOIS PRONONCER «DJI AINDJIZ»

*QUOI ?

09

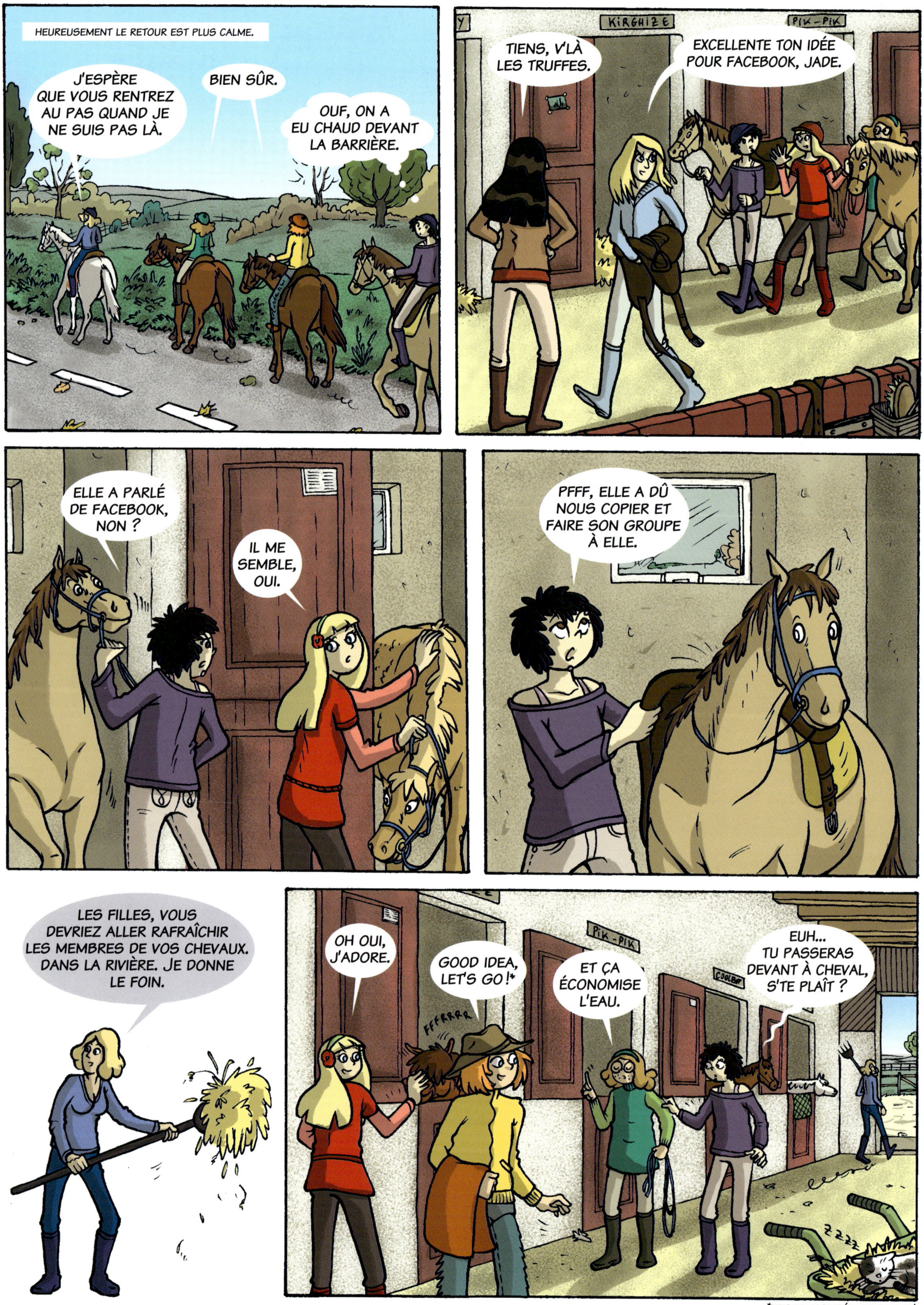

*EXCELLENTE IDÉE, ALLONS-Y !

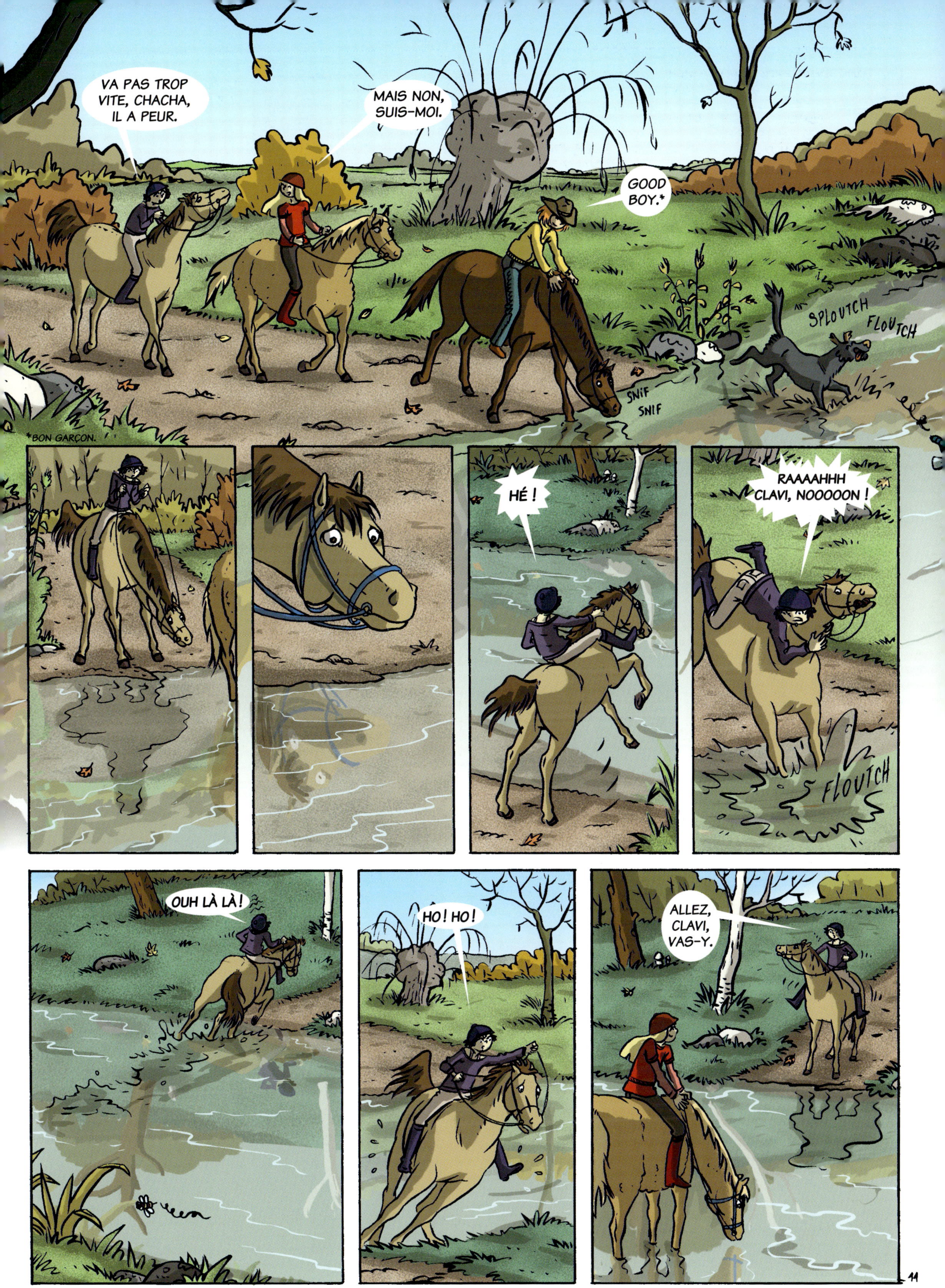
VA PAS TROP VITE, CHACHA, IL A PEUR.
MAIS NON, SUIS-MOI.
GOOD BOY.*
SPLOUTCH
FLOUTCH
SNIF
SNIF
*BON GARÇON.
HÉ !
RAAAAHHH CLAVI, NOOOOON !
FLOUTCH
OUH LÀ LÀ !
HO ! HO !
ALLEZ, CLAVI, VAS-Y.
11

*CHAQUE JOUR...

*DES PETITS OBSTACLES.

*HA HA HA, VOUS ÊTES TROP MARRANTES.

*MAINTENANT, VOUS ÊTES CAPABLES DE DÉBOURRER LES CHEVAUX DANS L'EAU.

*AUCUN PROBLÈME (VOIR TOME 1).

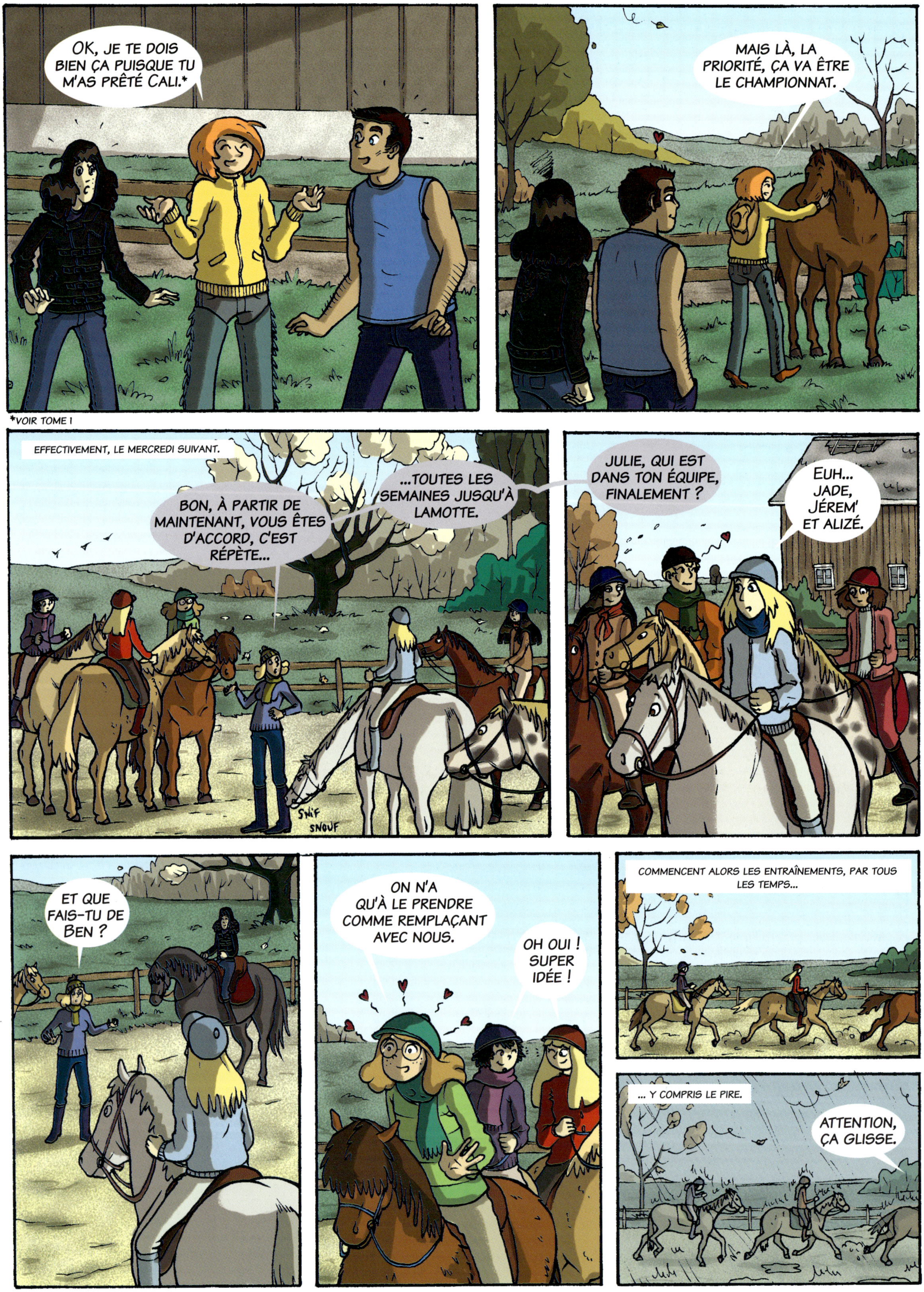
OK, JE TE DOIS BIEN ÇA PUISQUE TU M'AS PRÊTÉ CALI.*
*VOIR TOME 1
MAIS LÀ, LA PRIORITÉ, ÇA VA ÊTRE LE CHAMPIONNAT.
EFFECTIVEMENT, LE MERCREDI SUIVANT.
BON, À PARTIR DE MAINTENANT, VOUS ÊTES D'ACCORD, C'EST RÉPÈTE...
...TOUTES LES SEMAINES JUSQU'À LAMOTTE.
SNIF SNOUF
JULIE, QUI EST DANS TON ÉQUIPE, FINALEMENT ?
EUH... JADE, JÉREM' ET ALIZÉ.
ET QUE FAIS-TU DE BEN ?
ON N'A QU'À LE PRENDRE COMME REMPLAÇANT AVEC NOUS.
OH OUI ! SUPER IDÉE !
COMMENCENT ALORS LES ENTRAÎNEMENTS, PAR TOUS LES TEMPS...
... Y COMPRIS LE PIRE.
ATTENTION, ÇA GLISSE.

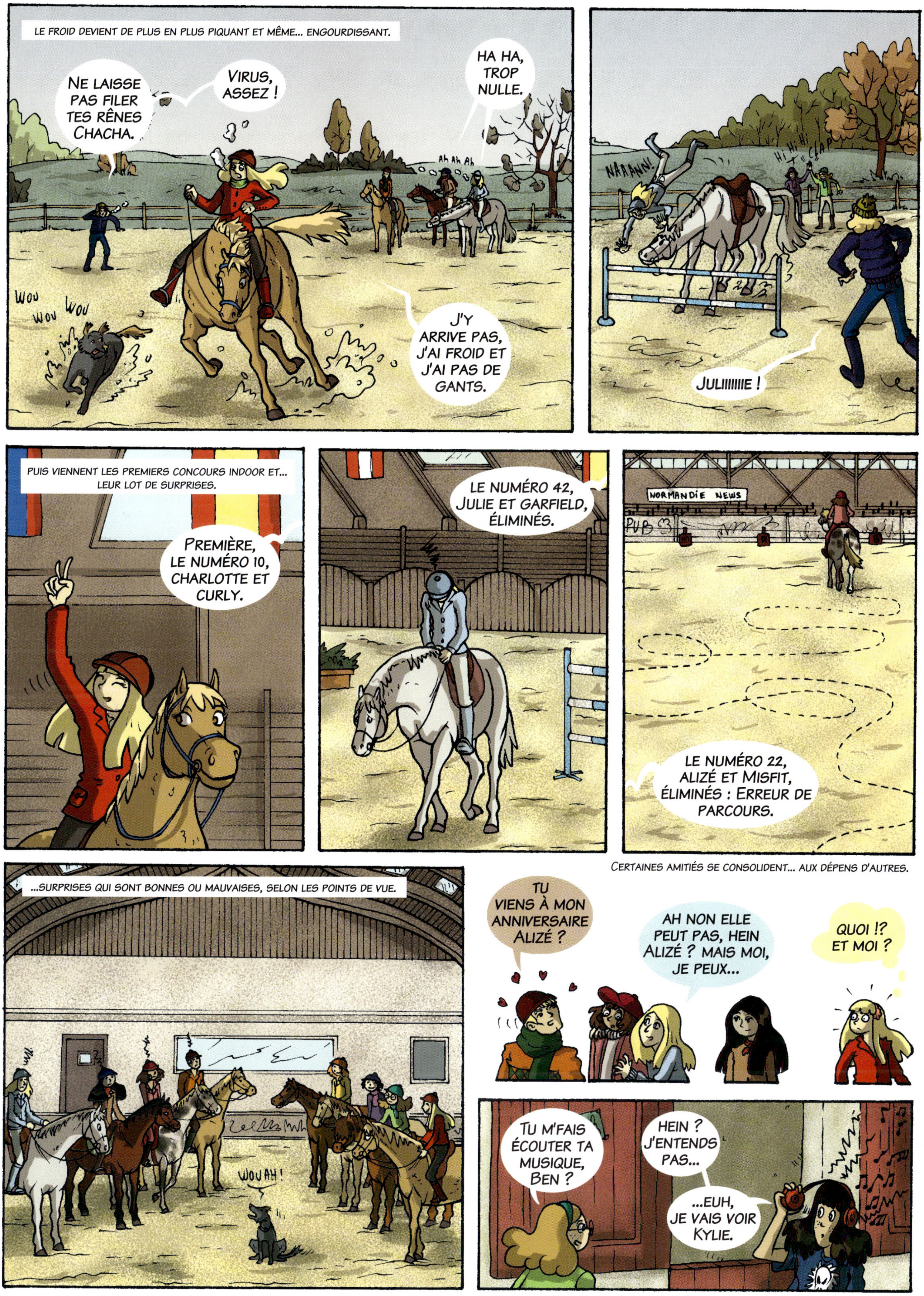
LE FROID DEVIENT DE PLUS EN PLUS PIQUANT ET MÊME... ENGOURDISSANT.
NE LAISSE PAS FILER TES RÊNES CHACHA.
VIRUS, ASSEZ !
HA HA, TROP NULLE.
Ah Ah Ah
WOU WOU WOU
J'Y ARRIVE PAS, J'AI FROID ET J'AI PAS DE GANTS.
NARAAN!
Hi Hi Hi
CLAP
JULIIIIIIIE !
PUIS VIENNENT LES PREMIERS CONCOURS INDOOR ET... LEUR LOT DE SURPRISES.
PREMIÈRE, LE NUMÉRO 10, CHARLOTTE ET CURLY.
LE NUMÉRO 42, JULIE ET GARFIELD, ÉLIMINÉS.
NORMANDIE NEWS
LE NUMÉRO 22, ALIZÉ ET MISFIT, ÉLIMINÉS : ERREUR DE PARCOURS.
...SURPRISES QUI SONT BONNES OU MAUVAISES, SELON LES POINTS DE VUE.
WOUAH !
CERTAINES AMITIÉS SE CONSOLIDENT... AUX DÉPENS D'AUTRES.
TU VIENS À MON ANNIVERSAIRE ALIZÉ ?
AH NON ELLE PEUT PAS, HEIN ALIZÉ ? MAIS MOI, JE PEUX...
QUOI !? ET MOI ?
TU M'FAIS ÉCOUTER TA MUSIQUE, BEN ?
HEIN ? J'ENTENDS PAS...
...EUH, JE VAIS VOIR KYLIE.

KIRGHIZE
AH KYLIE, JE VOUDRAIS TON AVIS SUR CETTE MUSIQUE.
AH KYLIE, TU PEUX VENIR VOIR CALI ?
MAIS POURQUOI IL ME DEMANDE JAMAIS À MOI ?
HEUREUSEMENT, DANS CE MONDE CRUEL, IL RESTE LES CHEVAUX. ENFIN, LES PONEYS. ET... LES DOUBLE-PONEYS. (ON NE VA PEUT-ÊTRE PAS LES CITER TOUS À CHAQUE FOIS, NON ? SI ? AH BON).
KIRGHIZE
SNIF SKOUITCHI SNIF
SNIF T'ES LE PLUS MIMI, TOI, MON GAZOU,
HI HI HI, HELLO, SWEETIE.*
FFFFRRRRR
GUILI, GUILI, MA LILI.
UN PETIT SUCRE, MON CLAVI ?
ET MÊME CHEZ LES PLUS DURES À CUIRE...
HEUREUSEMENT QUE J'AI MON GARFIELD, TU VOIS, JADE.
OUI, ET MOI MON NARIZ.
RAAAH ! DÉGAGE, VIRUS !
SNIF SNIF
*COUCOU MON DOUDOU.
MAIS CE CALME APPARENT EST DE COURTE DURÉE...
T'EN ES OÙ, JADE, POUR NOTRE PLAN FACEBOOK ?
J'AI FAIT COMME ON A DIT, ELLES VONT PRENDRE CHER.
KAÏ
TROP BIEN.
TU DIS RIEN, HEIN, ALIZÉ.
EUH OUI... EUH... NON.
... ET À L'APPROCHE DE NOËL, UN DRÔLE DE CADEAU SE PRÉPARE POUR LES MISS...
JOYEUX NOËL, LES MISS, HÉ HÉ HÉ...
16

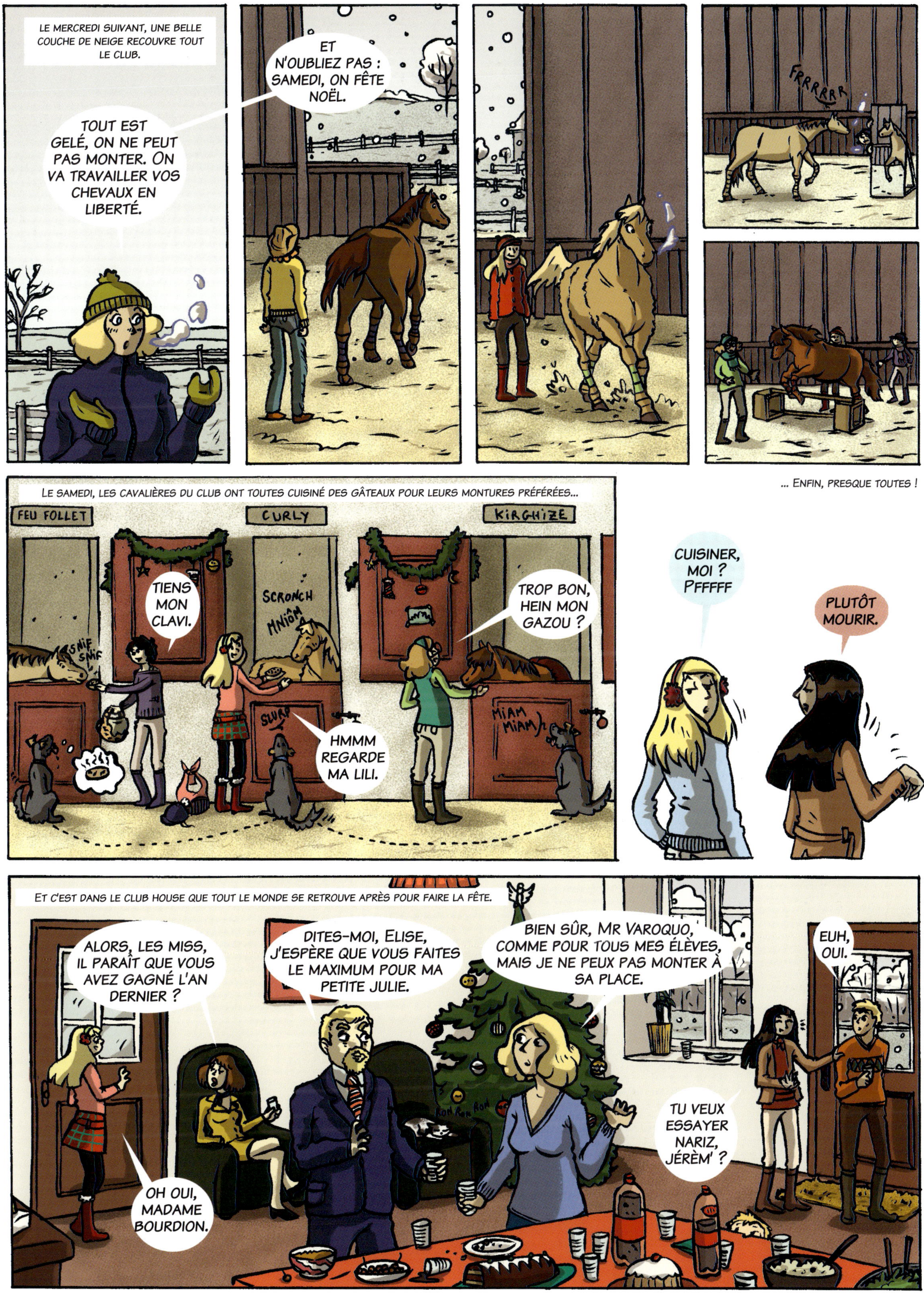

LE MERCREDI SUIVANT, UNE BELLE COUCHE DE NEIGE RECOUVRE TOUT LE CLUB.
TOUT EST GELÉ, ON NE PEUT PAS MONTER. ON VA TRAVAILLER VOS CHEVAUX EN LIBERTÉ.
ET N'OUBLIEZ PAS : SAMEDI, ON FÊTE NOËL.
FRRRRRR
LE SAMEDI, LES CAVALIÈRES DU CLUB ONT TOUTES CUISINÉ DES GÂTEAUX POUR LEURS MONTURES PRÉFÉRÉES...
FEU FOLLET
CURLY
KIRGHIZE
TIENS MON CLAVI.
SNIF SNIF
SCRONCH MNIÔM
SLURP
HMMM REGARDE MA LILI.
TROP BON, HEIN MON GAZOU ?
MIAM MIAM
... ENFIN, PRESQUE TOUTES !
CUISINER, MOI ? PFFFFF
PLUTÔT MOURIR.
ET C'EST DANS LE CLUB HOUSE QUE TOUT LE MONDE SE RETROUVE APRÈS POUR FAIRE LA FÊTE.
ALORS, LES MISS, IL PARAÎT QUE VOUS AVEZ GAGNÉ L'AN DERNIER ?
OH OUI, MADAME BOURDION.
DITES-MOI, ELISE, J'ESPÈRE QUE VOUS FAITES LE MAXIMUM POUR MA PETITE JULIE.
BIEN SÛR, MR VAROQUO, COMME POUR TOUS MES ÉLÈVES, MAIS JE NE PEUX PAS MONTER À SA PLACE.
RON RON RON
EUH, OUI.
TU VEUX ESSAYER NARIZ, JÉRÈM' ?
17

*TES DENTS ! ARRÊTE DE MANGER DU SUCRE !

18

*TU COMPRENDS.

MAIS MALGRÉ LES VACANCES, PERSONNE N'OUBLIE L'OBJECTIF DE L'ANNÉE : GAGNER LAMOTTE ET LE PUR-SANG ARABE. ET LE MERCREDI QUI SUIT NOËL...
J'ESPÈRE QUE VOUS AVEZ EU PLEIN DE CADEAUX.
MOI, J'AI EU UN SUPER CAMION DE CONCOURS AVEC UN APPARTEMENT.
COMME ÇA, À LAMOTTE, JE POURRAI LOGER MON ÉQUIPE SUR PLACE.
MOI AUSSI J'AI UNE BONNE NOUVELLE : IL N'Y AURA QU'UNE DISCIPLINE POUR VOUS DÉPARTAGER À LAMOTTE : LES PONY-GAMES.
LA NOUVELLE NE RÉJOUIT PAS FRANCHEMENT LES « J AND J'S ».
BEN... ÇA SERT À QUOI QU'ON AIT DES CRACKS À L'OBSTACLE, ALORS ?
T'INQUIÈTE, J'AI UNE IDÉE, ÇA VA LE FAIRE.
CHEZ LES MISS EN REVANCHE C'EST LA JOIE.
C'EST TROP TROP COOL.
COMME ÇA, ON EST TOUTES À ÉGALITÉ AVEC NOS CHEVAUX DE CLUB.
BUT DON'T FORGET JULIE WON LAST TIME.*
C'EST GÉANT.
MNIÔM MIAM SCROUNTCH
*MAIS N'OUBLIEZ PAS QUE C'EST JULIE QUI A GAGNÉ LA DERNIÈRE FOIS.
ALLEZ, À CHEVAL POUR UNE MISE EN SELLE À L'OBSTACLE À CRU DANS LE MANÈGE.
RAAAH NON !
AU SECOURS !
PAS ÇA !
OUPS !
OUH LA, LE POIL, ÇA GLISSE.
EH MAIS QU'EST-CE QU'IL FAIT ?
20

ET TANDIS QUE LES ENTRAÎNEMENTS DÉFILENT À UNE VITESSE D'ENFER, LES SEMAINES...
... FONT DE MÊME. L'HIVER SE TERMINE AU GALOP, PUIS LE PRINTEMPS ARRIVE...
CHAAAA
... ET PASSE.
ET NOUS VOICI ENFIN À QUELQUES SEMAINES DE L'ÉPREUVE FATIDIQUE.
ON N'EST PAS PRÊTES.
T'AS RAISON.
OH ARRÊTEZ !
YES, STOP. IT'S WORSE.*
clic
DANS L'AUTRE ÉQUIPE, CE N'EST PAS FRANCHEMENT LA DÉTENTE NON PLUS.
JE CONTRÔLE PLUS GARFIELD À CAUSE DES GRANULÉS QU'ON A DONNÉS EN PLUS.
MOI PAREIL.
ET MOI J'COMPTE POUR DU BEURRE.
MAIS NON, ALIZZZ, T'ES SUPER.
*OUI, ARRÊTEZ, C'EST ENCORE PIRE.
LES CHEVAUX ET LES (DOUBLE !) PONEYS, EUX, CONTINUENT LEUR VIE TRANQUILLE...
PFFRTTT
PRÔOOÔÔT
PROUT
PRÛÛT
... SANS SE DOUTER DE RIEN.
HIiiiMMMM
AH AH AH
ZZZZZ
RONFL
ZZZZZ
ZZZZZ
21

MAIS SOUDAIN, UN NOUVEAU PROBLÈME SE PROFILE.
LES MISS, C'EST VRAI QUE VOUS AVEZ CRÉÉ UN NOUVEAU COMPTE FACEBOOK ?
OUI, POURQUOI ?
L'AUTRE NE RECONNAISSAIT PLUS MON MOT DE PASSE.
LE PROBLÈME C'EST QUE LE PÈRE DE JULIE VOUS ATTAQUE EN DIFFAMATION.
QUOI ???
MAIS... POURQUOI ?
Psshiit
UNE DES «AMIES» DE VOTRE NOUVEAU PROFIL A DIT DU MAL DE JULIE ET M. VAROQUO DEMANDE À LA FÉDÉRATION DE VOUS INTERDIRE DE COMPÉTITION.
C'EST PAS POSSIBLE, J'AI RIEN VU SUR NOTRE PAGE.
MAIS... C'EST PAS NOUS.
PSSSHHiiiiiT
IL FAUT BLOQUER CETTE PERSONNE, VITE.
QUELQUES MINUTES PLUS TARD, L'AMBIANCE N'EST PAS TOP AUX ÉCURIES.
ET LE SOIR, C'EST AVEC ANGOISSE QUE NOS 4 MISS SE RETROUVENT CHEZ CATHY, LA MAMAN DE KYLIE.
NE VOUS INQUIÉTEZ PAS, NOUS ALLONS VOUS AIDER.
CONCENTREZ VOUS SUR LE CHAMPIONNAT...
... IL N'Y A PLUS QUE 15 JOURS.

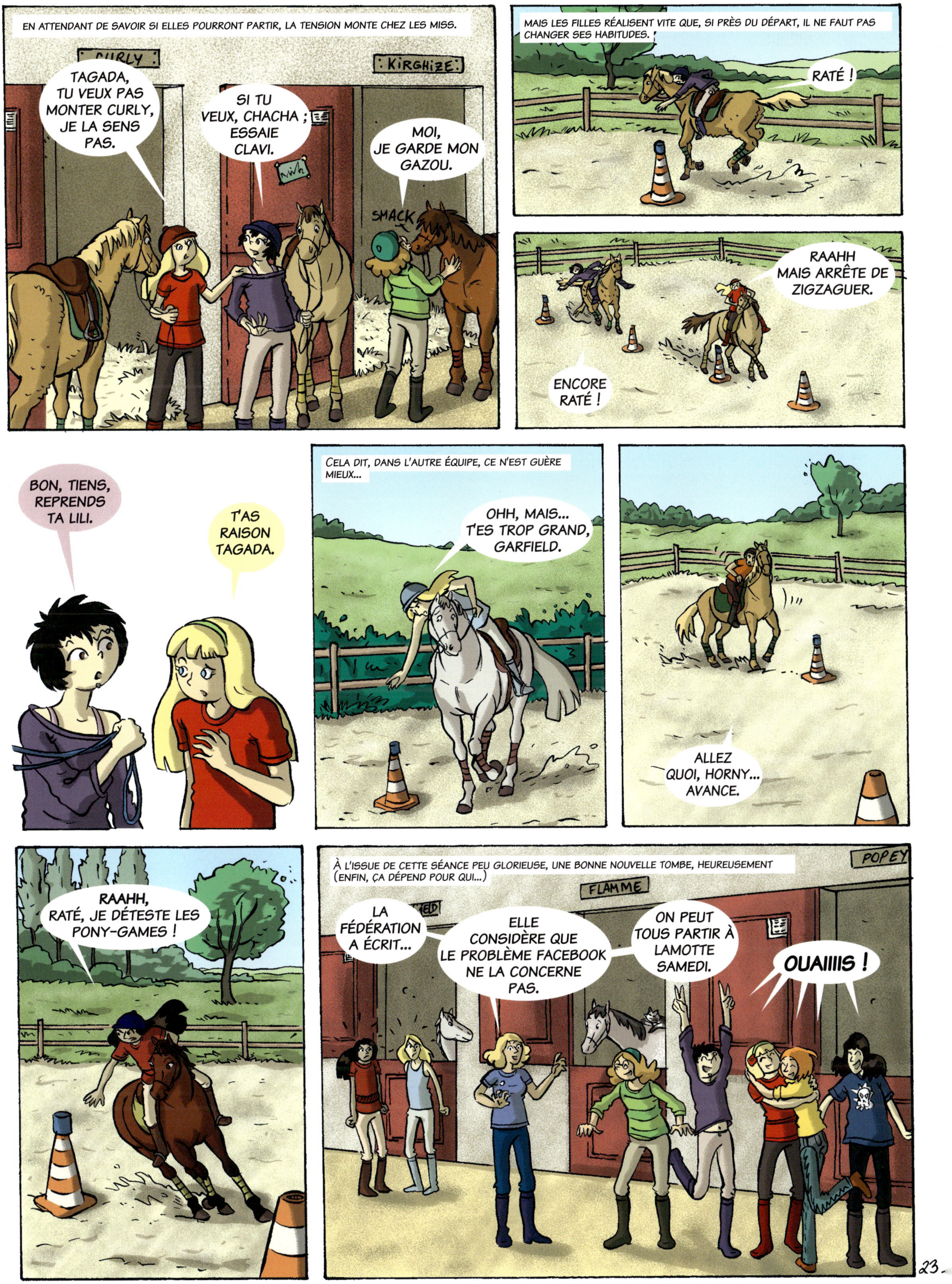
EN ATTENDANT DE SAVOIR SI ELLES POURRONT PARTIR, LA TENSION MONTE CHEZ LES MISS.
CURLY
KIRGHIZE
TAGADA, TU VEUX PAS MONTER CURLY, JE LA SENS PAS.
SI TU VEUX, CHACHA ; ESSAIE CLAVI.
MOI, JE GARDE MON GAZOU.
SMACK
MAIS LES FILLES RÉALISENT VITE QUE, SI PRÈS DU DÉPART, IL NE FAUT PAS CHANGER SES HABITUDES.
RATÉ !
RAAHH MAIS ARRÊTE DE ZIGZAGUER.
ENCORE RATÉ !
BON, TIENS, REPRENDS TA LILI.
T'AS RAISON TAGADA.
CELA DIT, DANS L'AUTRE ÉQUIPE, CE N'EST GUÈRE MIEUX...
OHH, MAIS... T'ES TROP GRAND, GARFIELD.
ALLEZ QUOI, HORNY... AVANCE.
RAAHH, RATÉ, JE DÉTESTE LES PONY-GAMES !
À L'ISSUE DE CETTE SÉANCE PEU GLORIEUSE, UNE BONNE NOUVELLE TOMBE, HEUREUSEMENT (ENFIN, ÇA DÉPEND POUR QUI...)
POPEY
FLAMME
LA FÉDÉRATION A ÉCRIT...
ELLE CONSIDÈRE QUE LE PROBLÈME FACEBOOK NE LA CONCERNE PAS.
ON PEUT TOUS PARTIR À LAMOTTE SAMEDI.
OUAIIIIS !
23.

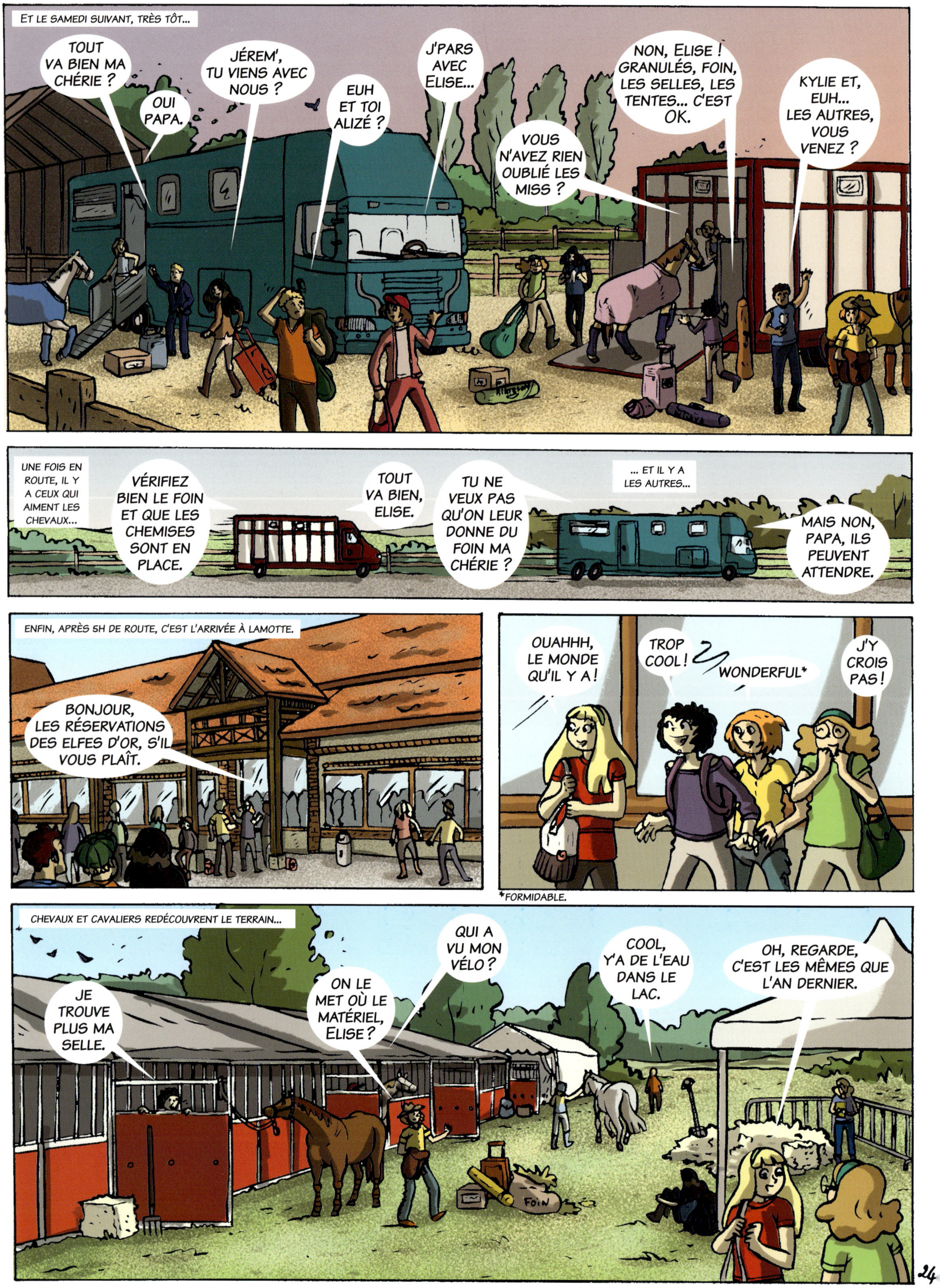

ET LE SAMEDI SUIVANT, TRÈS TÔT...
TOUT VA BIEN MA CHÉRIE ?
OUI PAPA.
JÉREM', TU VIENS AVEC NOUS ?
EUH ET TOI ALIZÉ ?
J'PARS AVEC ELISE...
VOUS N'AVEZ RIEN OUBLIÉ LES MISS ?
NON, ELISE ! GRANULÉS, FOIN, LES SELLES, LES TENTES... C'EST OK.
KYLIE ET, EUH... LES AUTRES, VOUS VENEZ ?
UNE FOIS EN ROUTE, IL Y A CEUX QUI AIMENT LES CHEVAUX...
VÉRIFIEZ BIEN LE FOIN ET QUE LES CHEMISES SONT EN PLACE.
TOUT VA BIEN, ELISE.
TU NE VEUX PAS QU'ON LEUR DONNE DU FOIN MA CHÉRIE ?
... ET IL Y A LES AUTRES...
MAIS NON, PAPA, ILS PEUVENT ATTENDRE.
ENFIN, APRÈS 5H DE ROUTE, C'EST L'ARRIVÉE À LAMOTTE.
BONJOUR, LES RÉSERVATIONS DES ELFES D'OR, S'IL VOUS PLAÎT.
OUAHHH, LE MONDE QU'IL Y A !
TROP COOL !
WONDERFUL*
J'Y CROIS PAS !
*FORMIDABLE.
CHEVAUX ET CAVALIERS REDÉCOUVRENT LE TERRAIN...
JE TROUVE PLUS MA SELLE.
ON LE MET OÙ LE MATÉRIEL, ELISE ?
QUI A VU MON VÉLO ?
COOL, Y'A DE L'EAU DANS LE LAC.
OH, REGARDE, C'EST LES MÊMES QUE L'AN DERNIER.
FOIN
24

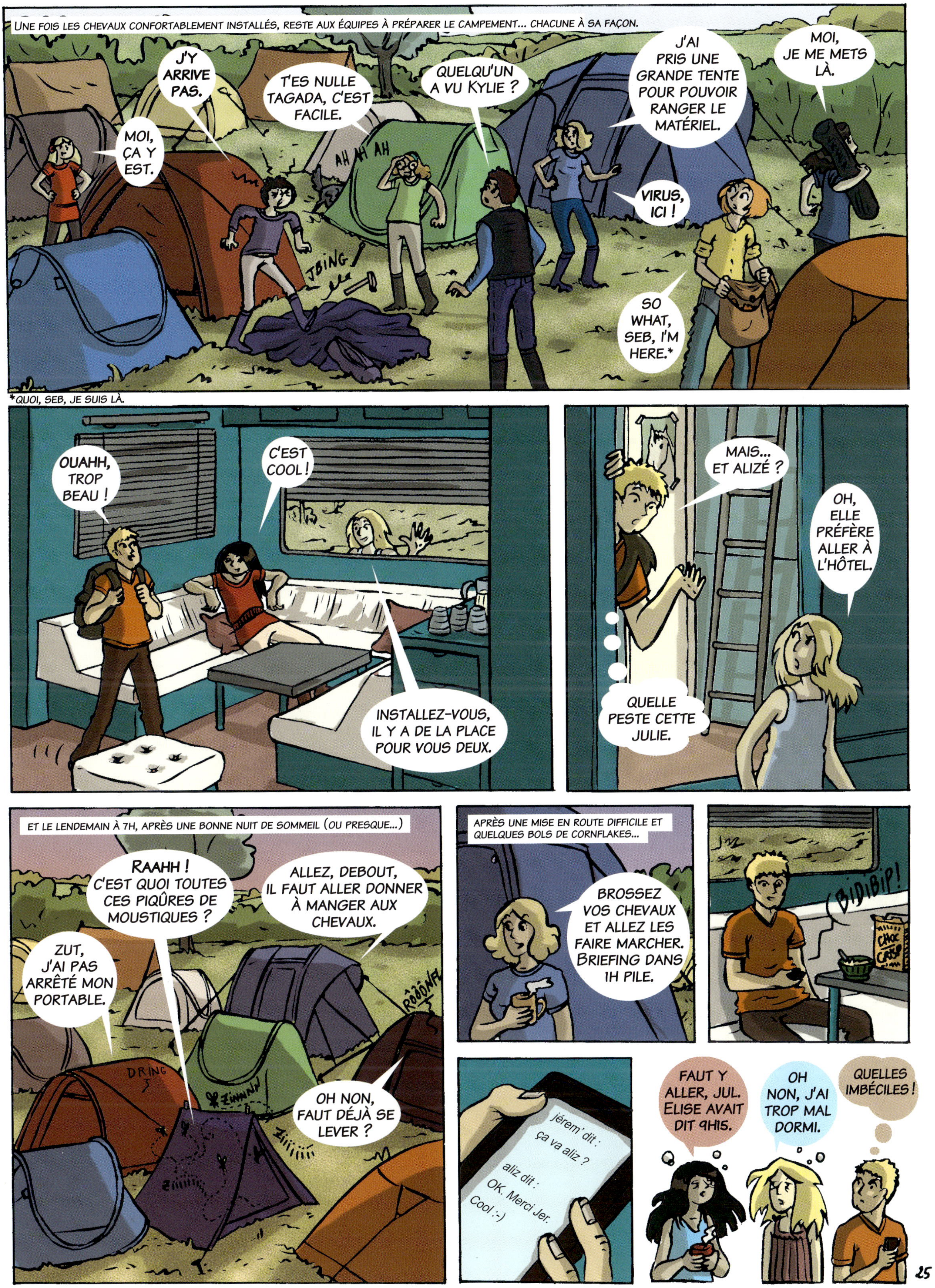
UNE FOIS LES CHEVAUX CONFORTABLEMENT INSTALLÉS, RESTE AUX ÉQUIPES À PRÉPARER LE CAMPEMENT... CHACUNE À SA FAÇON.
MOI, ÇA Y EST.
J'Y ARRIVE PAS.
T'ES NULLE TAGADA, C'EST FACILE.
AH AH AH
JBING
QUELQU'UN A VU KYLIE ?
J'AI PRIS UNE GRANDE TENTE POUR POUVOIR RANGER LE MATÉRIEL.
VIRUS, ICI !
SO WHAT, SEB, I'M HERE.*
MOI, JE ME METS LÀ.
*QUOI, SEB, JE SUIS LÀ.
OUAHH, TROP BEAU !
C'EST COOL !
INSTALLEZ-VOUS, IL Y A DE LA PLACE POUR VOUS DEUX.
MAIS... ET ALIZÉ ?
OH, ELLE PRÉFÈRE ALLER À L'HÔTEL.
QUELLE PESTE CETTE JULIE.
ET LE LENDEMAIN À 7H, APRÈS UNE BONNE NUIT DE SOMMEIL (OU PRESQUE...)
RAAHH ! C'EST QUOI TOUTES CES PIQÛRES DE MOUSTIQUES ?
ALLEZ, DEBOUT, IL FAUT ALLER DONNER À MANGER AUX CHEVAUX.
ZUT, J'AI PAS ARRÊTÉ MON PORTABLE.
DRING
RRÔÔNF
ZIIINNN
OH NON, FAUT DÉJÀ SE LEVER ?
APRÈS UNE MISE EN ROUTE DIFFICILE ET QUELQUES BOLS DE CORNFLAKES...
BROSSEZ VOS CHEVAUX ET ALLEZ LES FAIRE MARCHER. BRIEFING DANS 1H PILE.
BIDIBIP !
CHOC CRISP
jérem' dit :
ça va aliz ?
aliz dit :
OK. Merci Jer.
Cool :-)
FAUT Y ALLER, JUL. ELISE AVAIT DIT 9H15.
OH NON, J'AI TROP MAL DORMI.
QUELLES IMBÉCILES !
25

1H30 PLUS TARD... TOUT LE MONDE EST ENFIN AU RENDEZ-VOUS.
LA PREMIÈRE ÉPREUVE A LIEU À 14H. IL Y AURA 2 MANCHES ET UN BARRAGE EN CAS D'EX-ÆQUO. QUE LES MEILLEURS GAGNENT.
MAIS DÉJÀ...
J'AI UNE IDÉE, JADE ; ET SI... ... BLABLABLA...
OUAHH ! GÉANT !
ON VA VOIR LES AUTRES ÉPREUVES ?
OH OUI !
GOOD IDEA.*
*BONNE IDÉE
T'AS VU LE SUPER PONEY, BEN ?
IL EST OÙ JÉREM ?
J'ADOOORE !
OUAH TROP BIEN LE TEE-SHIRT !
MAIS PENDANT QUE LES MISS, INSOUCIANTES, DÉCOUVRENT LE TERRAIN, D'AUTRES ONT DES IDÉES NETTEMENT MOINS RECOMMANDABLES...
JE SUIS SÛRE QUE C'EST PAR LÀ.
T'AS RAISON, Y'A TOUT LE MATÉRIEL, HÉ HÉ, BONNE CHANCE LES MISS.
COUVERTURES
APRÈS 2H À FLÂNER ET À MANGER DES FRAISES (TAGADA, BIEN SÛR) OU À S'EXTASIER SUR LES CHEVAUX (ET LES PONEYS ET LES DOUBLE-PONEYS...), IL EST TEMPS DE SE PRÉPARER POUR L'ÉPREUVE.
OH ZUT J'AI OUBLIÉ D'APPELER MAMAN.
J'AI L'AIR D'UNE CALCULETTE AVEC CES BOUTONS DE MOUSTIQUES.
HÉ HÉ, BIENVENUE AU CLUB.
STRANGE... NOBODY'S HERE.*
*BIZARRE... IL N'Y A PLUS PERSONNE.
LA REMARQUE DE KYLIE S'AVÈRE JUSTE.
HÉ, IL MANQUE TOUTES NOS SELLES !
NANNN C'EST PAS VRAI ?
ÇA COMMENCE BIEN...
MY GOD !*
*MON DIEU !
26

LE TEMPS DE RÉALISER...
COMMENT ON FAIT, LÀ ?
BAH, ON MONTE SANS SELLE.
EUH, J'LE SENS PAS TROP.
YES, WE CAN.*
*MAIS SI ON EN EST CAPABLES
LA DÉCISION EST PRISE... ET DEVANT LE JURY STUPÉFAIT.
EN PISTE, EUH... LES FLYING MISS, À CRU, ET LES J AND J'S.
LA PREMIÈRE MANCHE EST UN SLALOM. LA LUTTE EST FÉROCE.
ET LES J AND J'S REMPORTENT CETTE PREMIÈRE ÉPREUVE, BRAVO !
LA DEUXIÈME MANCHE EST UN «RIDE AND RUN»...
ALLEZ JULIIIE
ALLEZ CHACHAAAA
...ET CETTE FOIS, LES MISS SONT AVANTAGÉES.
VAS-Y ALIIIIIZ
OUIIII DADOU
ALLEZ JÉREEEEME
VAS-Y TAGADAAAA
VIENS, HORNY, VIENS.
VITE CLAVI !
ALLEZ JAAAADE
ALLEZ KYLIE
OUAIIIS, ON A GAGNÉ !
COME ON, BOY, QUICK.*
27
*ALLEZ, VITE !

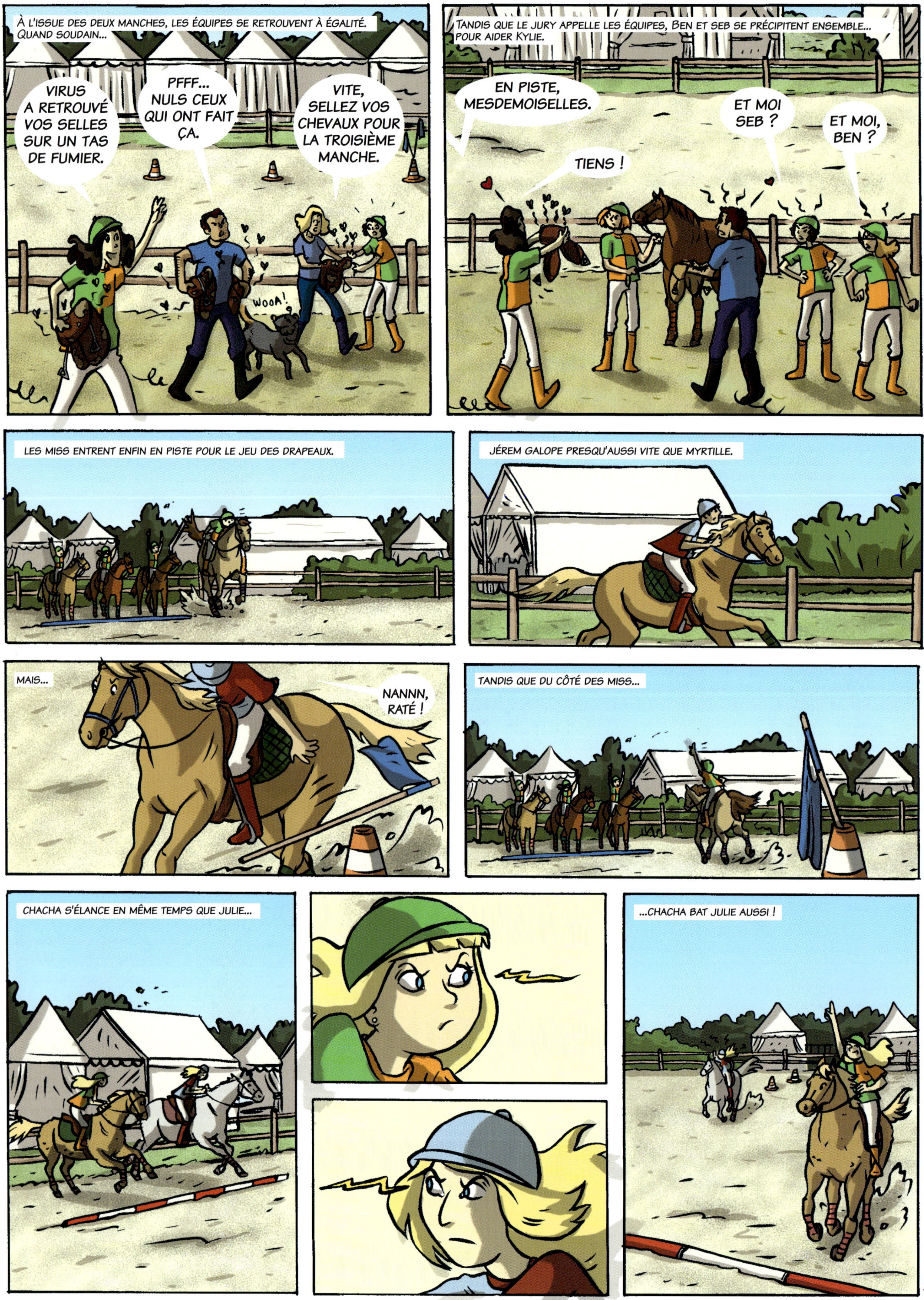
À L'ISSUE DES DEUX MANCHES, LES ÉQUIPES SE RETROUVENT À ÉGALITÉ. QUAND SOUDAIN...
VIRUS A RETROUVÉ VOS SELLES SUR UN TAS DE FUMIER.
PFFF... NULS CEUX QUI ONT FAIT ÇA.
VITE, SELLEZ VOS CHEVAUX POUR LA TROISIÈME MANCHE.
WOOA!
TANDIS QUE LE JURY APPELLE LES ÉQUIPES, BEN ET SEB SE PRÉCIPITENT ENSEMBLE... POUR AIDER KYLIE.
EN PISTE, MESDEMOISELLES.
ET MOI SEB ?
ET MOI, BEN ?
TIENS !
LES MISS ENTRENT ENFIN EN PISTE POUR LE JEU DES DRAPEAUX.
JÉREM GALOPE PRESQU'AUSSI VITE QUE MYRTILLE.
MAIS...
NANNN, RATÉ !
TANDIS QUE DU CÔTÉ DES MISS...
CHACHA S'ÉLANCE EN MÊME TEMPS QUE JULIE...
...CHACHA BAT JULIE AUSSI !

KYLIE NE FAIT QU'UNE BOUCHÉE D'ALIZÉ, CE QUI DONNE UN LÉGER AVANTAGE AUX MISS.
MAIS SOUS LA PRESSION, DADOU RATE LE PREMIER DRAPEAU...
AHAHAH
LES MISS SEMBLENT TOUT DE MÊME AVOIR GAGNÉ...
...MAIS LE TEMPS PASSE ET LE JURY TARDE BIZARREMENT À DONNER LES RÉSULTATS.
Y'A QUELQUE CHOSE QUI VA PAS.
TU CROIS ?
OUAIS C'EST ZARBI.
UNE RÉCLAMATION A ÉTÉ DÉPOSÉE PAR M. VAROQUO.
IL CONTESTE LA DIFFÉRENCE D'ÉQUIPEMENT ENTRE LES MANCHES.
29

TROP FORTES CES MISS !
ELLES VONT DONC PARTIR POUR RAMENER UN MAGNIFIQUE POULAIN PUR-SANG ARABE D'UN DES MEILLEURS ÉLEVAGES D'EGYPTE !

BIEN SÛR, C'EST UN SACRÉ CHALLENGE : ELLES DEVRONT APPRENDRE À S'EN OCCUPER, À LE DÉBOURRER, À LUI PARLER COMME À UN SEIGNEUR, CAR LES PUR-SANG ARABES SONT DES SEIGNEURS.

MAIS ON LEUR FAIT CONFIANCE !

UN PEU MOINS À JULIE ET JADE TOUTEFOIS, QUI SONT BIEN SÛR PRÊTES À TOUT POUR LES EMPÊCHER DE RÉALISER LEUR RÊVE...

ET MAINTENANT QUELQUES EXPLICATIONS ET DE PRÉCIEUX CONSEILS.

Conseils Pratiques

Licol ou filet ?

Coolboy est harnaché avec un « licol éthologique », tandis que les chevaux de Charlotte, Myrtille et Andréa (plus exactement leur cheval, leur poney et leur double poney...) portent un filet. Quelle est la différence ? Le licol éthologique ne comporte pas de mors et c'est la corde qui sert de rênes : elle peut se dénouer et se transformer en longe, ce qui est très pratique en extérieur par exemple pour passer à pied, en main dans un endroit un peu délicat.
Curieusement, le licol éthologique est plus « fort » qu'on ne le pense généralement car il agit sur le chanfrein. Mais le cheval doit y être habitué pour y obéir. Ca ne s'improvise pas, surtout si on monte sans selle dehors comme les miss.

Apprends à connaître les capacités de ton cheval

Les pur-sang arabes sont généreux et aptes à toutes les disciplines, mais comme ils sont souvent un peu petits (1,50m environ), il ne faut quand même pas leur demander la lune. Et donc ne pas imaginer sauter à très haut niveau dans les épreuves professionnelles (ex : Coupe du Monde) avec eux. Un(e) bon(ne) cavalier(e) doit connaître les limites de son cheval.

Intolérable !

Ce que fait Julie est non seulement intolérable car ce genre de produit brûle les membres des chevaux, mais aussi très dangereux. De plus, comme elle est très mal placée, elle risque un bon coup de pied! Évite toujours de te mettre comme elle, trop près et derrière les postérieurs quand tu soignes un cheval : un taon, un chien qui passe à proximité peut l'effrayer et entrainer une réaction de peur dangereuse pour toi, même si le cheval ne t'en veut pas (coup de pied). C'est à toi de faire attention.

Ferme tes jambes

Quand on monte à cru en extérieur, il faut être sûr de soi et de son cheval (comme Kylie). Un tapis et un surfaix peuvent t'aider à tenir plus facilement sur ta monture. Et en cas de problème comme celui que rencontrent les Miss, pense à serrer tes jambes, à te redresser et à relever la tête de ton cheval.

Du calme avant et après

Tu ne dois jamais rentrer directement au box un cheval énervé ou mouillé (de sueur ou d'eau). Tu dois le faire marcher tranquillement au pas jusqu'à ce qu'il soit sec et qu'il ait récupéré son souffle, sinon il gardera un très mauvais souvenir de la séance et deviendra stressé.

Attention au matériel

Pour ne pas risquer ce genre de désagrément, pense à ranger ton matériel en hauteur ou sur un porte-selle dans la sellerie et quand tu selles, mets-le sur la porte du box, loin des dents des chevaux !

À deux minimum

Ne sors jamais seul en balade, c'est dangereux : en cas de chute tu peux te retrouver (blessé) très loin des écuries sans que personne ne puisse te localiser.

Vigilance et prudence

Julie ne tient pas bien son cheval, surtout compte tenu de ce qui se passe derrière ! Les chevaux perçoivent beaucoup mieux que nous les bruits et les sources d'agitation. Et comme dans la nature, ce sont des proies, ils fuient instantanément le plus vite possible droit devant eux. Julie devrait se tenir légèrement devant Garfield avec une longe plus courte. Placée comme elle est là, elle risque (encore !) un coup de pied.

Poney ou double poney ?

Les « double poneys » sont des poneys de grande taille ou des équidés issus du croisement entre un cheval et un poney, mais un peu plus petit qu'un cheval : plus d'1,49m, moins d'1m60. Ils combinent souvent les avantages des deux races : frugalité, intelligence et gentillesse du poney, avec taille, amplitude de foulée plus grande et moyens plus importants à l'obstacle. Mais pas toujours bien sûr…

En avant… calme et droit

En extérieur, les chevaux peuvent s'allonger et avoir une foulée plus naturelle qu'en carrière. Les variations de vitesse et d'équilibre sont plus importantes, ce qui t'oblige à t'adapter. Cela te permet de progresser et d'apprendre à mieux tenir en selle.

… mais pas trop en avant quand même !

Plus tu te mets en avant, plus tu incites ton cheval à allonger l'allure. Si tu veux ralentir, redresse-toi un peu plus, comme Andrea case suivante

Attention les genoux (et surtout les hanches)

Ne fais jamais la course si le passage n'est pas suffisamment large. Tu pourrais te retrouver la jambe coincée contre la barrière et ton cheval risque de se « couler une hanche » c'est-à-dire de se la casser en passant trop près, ce qui est très grave.

Rentre toujours au pas

Tu dois toujours réserver un temps de pas d'au moins dix minutes avant de rentrer aux écuries. Un cheval qui rentrerait surexcité ou pire au grand galop prendrait très vite la mauvaise habitude de recommencer et deviendrait dangereux.

L'eau c'est top pour la santé...

Les chevaux ont les tendons fragiles et l'eau possède un excellent pouvoir « astringent » (c'est-à-dire qui resserre les tissus). On peut leur rafraîchir les membres grâce à une douche ou en marchant dans une rivière, dans la mer ou dans un pédiluve.

Quant au foin, il se donne toujours en premier, avant les granulés ou les céréales. C'est important pour la digestion du cheval, animal fragile dans ce domaine aussi

... mais tu ne dois pas la gaspiller

Andréa a raison : ce n'est pas logique de gaspiller de l'eau potable, de plus en plus coûteuse, si on dispose d'une source d'eau naturelle à proximité. Surtout une rivière, dont le courant léger (comme dans la mer) est très bénéfique pour les tendons. L'eau de mer possède dans ce domaine des qualités encore supérieures !

Comment entrer dans l'eau à cheval ?

C'est surtout Myrtille qui a peur… Pour entrer dans l'eau avec un cheval un peu peureux, tu dois bien coller tes jambes dans ses flancs pour l'inciter à aller en avant en le rassurant, avancer tes mains pour le laisser regarder (comme Kylie) sans gêner son encolure et l'encourager sans te fâcher, mais fermement (appels de langue, petits coups de talon). Le mieux est de faire comme les Miss : de suivre un cheval qui n'a pas peur.

Cela rassure le peureux. Il imitera volontiers son copain. À condition de bien rester derrière jusqu'à ce qu'il soit entré dans l'eau et tranquille cependant, sinon, il risque de faire comme Clavi !

Habitue-le petit à petit

En cross, il y a souvent des gués à traverser et parfois des obstacles devant, qui obligent le cheval à se réceptionner dans l'eau. Il faut donc que ton cheval soit bien habitué à cet exercice à l'entraînement. Une fois dans l'eau, félicite et rassure ton cheval puis ressors et reviens au pas vers les autres, tant qu'il n'est pas habitué, jusqu'à ce qu'il entre et sorte sans hésiter.

Et répète l'exercice très régulièrement

Kylie a raison ! Il n'y a qu'avec l'habitude que le cheval n'aura plus peur. Et qu'il acceptera de descendre puis de sauter dans l'eau sur un cross

Ne le laisse jamais gratter dans l'eau

Si ton cheval gratte dans l'eau, relève-lui la tête aussitôt et donne des jambes pour avancer et éviter qu'il ne tombe à genoux pour se rouler ; pense à avancer les mains dès qu'il fait un pas en avant, car sinon, tu vas lui donner un coup sur la bouche. Pour ne pas être désarçonnée s'il fait un bond sous l'effet de tes jambes (ou de ta cravache) serre bien tes jambes ! Surtout à cru parce que le poil glisse.

Trop forts ces Indiens

Les Indiens d'Amérique, qui ont découvert le cheval au XVIe siècle avec l'arrivée des Conquistadores, ont mis au point certaines méthodes bien à eux pour dresser ces animaux qui leur faisaient peur au début. En débourrant les mustangs dans l'eau, ils ne se faisaient pas mal en cas de chute !

Apprends à bien soigner ton cheval

Lorsqu'il fait froid et que les chevaux ont la robe mouillée (par la sueur ou de l'eau), ils risquent d'attraper froid (comme si tu sors l'hiver avec un manteau mouillé ou les cheveux mal séchés). En les bouchonnant avec de la paille bien sèche, tu les empêches de s'enrhumer.

Au club, n'hésite pas à proposer tes services au moniteur, tu apprendras beaucoup, tu comprendras mieux les chevaux, leurs besoins, les règles de sécurité et tu seras utile !

Ne donne jamais à manger en cachette

Alors ça pour une mauvaise idée, c'en est une ! Un cheval échauffé par trop de protéines (avoine, granulés) et qui ne travaille pas en conséquence risque de faire une fourbure ou un « coup de sang », deux maladies très graves, douloureuses et qui peuvent le rendre infirme ou le tuer. L'alimentation doit toujours être adaptée au travail fourni par le cheval. Et ça ne s'improvise pas.

Connais ton cheval comme toi-même

Dans la nature, les chevaux marchent toute la journée en broutant. Quand ils restent enfermés au box 23h sur 24, ils ont souvent des problèmes de digestion (coliques), ou s'ennuient (ils ont des tics) ou... les deux ! La solution, c'est de les mettre le plus souvent possible au pré ou à défaut, dans un paddock (petit pré) pour qu'ils puissent au moins marcher et bouger.

Une échéance importante, ça se prépare

Pour préparer un cheval pour une échéance importante, il faut l'entraîner physiquement (comme toi d'ailleurs) en fonction de l'épreuve que tu dois courir, de façon bien réfléchie. Un minimum de 3 mois est nécessaire pour maîtriser tous les aspects d'un concours. On dit qu'on fait un « rétroplanning » (un planning qui remonte le temps et te permet de mesurer ta progression, celle de ton cheval et de travailler les points faibles).

Adapte-toi aux éléments

Un cheval doit sortir tous les jours, qu'il fasse beau ou non. Et tu dois donc apprendre à le sortir et à monter par tous les temps. Bien sûr, il faut adapter ta tenue (imperméable, gants...) et ta façon de monter : pas de galop sur les chemins glissants, caillouteux etc.

Et équipe-toi en conséquence

Dommage Chacha ! Il existe d'excellents gants... S'il fait très froid, pense à superposer les couches (2 paires de chaussettes fines, une paire de gants fins à l'intérieur d'une autre en laine...) mais en restant à l'aise : si tu comprimes tes articulations, le sang ne circule plus et tu ne peux plus bouger tes doigts.

Ferme tes jambes (bis)

Julie a oublié de fermer ses jambes à l'abord et d'attendre que son cheval saute. Elle aurait dû aussi se redresser légèrement (mais sans bloquer ses mains ni la tête de son cheval). Au lieu de ça, Guigui est en déséquilibre, ne parvient pas à se regrouper (on dit s'engager) pour sauter et fait un refus. De plus, si elle avait fermé ses jambes, elle n'aurait pas été projetée ainsi. Penses-y !

Apprends tes parcours

Quelle bêtasse cette Alizé. Les reprises de dressage s'apprennent par cœur, comme les parcours. En plus, c'est bon pour ta mémoire et le fait de les répéter et de visualiser intérieurement ce que tu dois faire, ça t'aide à te concentrer donc à te décontracter avant les épreuves.

Les pommes et les carottes, c'est mieux

Il ne faut pas abuser des sucres, qui ne sont pas très bons pour la santé ni les dents du cheval (comme pour toi !). Si tu en donnes un ou mieux, une demi-pomme ou un bout de carotte ou autre gourmandise, fais-le de préférence après le travail et tends-la bien à plat sur ta main comme le fait Myrtille pour éviter de te faire croquer les doigts. Car le cheval, du fait de la forme de sa tête, ne voit pas qu'il te mord les doigts à la place du sucre !

Grand froid : Précautions d'usage

Sur un sol gelé, les fers glissent. Le cheval risque de se faucher et de tomber. Le mieux, quand tout est impraticable, c'est de le sortir dans un endroit préservé : un manège bien entretenu. Au pire, de le promener au pas en main sur la route pour ne pas qu'il fasse de coup de sang. S'il ne peut pas travailler du tout, il faut stopper les granulés et ne donner que du foin et mettre de l'eau propre à disposition, *non gelée*, car le froid est déshydratant, comme la chaleur !

Miam les mashes, le muësli

Les chevaux ne mangent pas n'importe quels gâteaux. L'idéal pour leur santé sont ceux à base de céréales ou de müesli (qui ressemble aux mashes). Tu peux inventer tes propres recettes en rajoutant des fruits secs (sans noyaux !).

Il voit très bien lui aussi...

Les éthologues ont mené de nombreuses expériences sur les chevaux et certains centres équestres spécialisés dans l'équitation comportementale ont mis au point des méthodes pour apprendre aux chevaux à reconnaître les couleurs. Si tu as la chance d'avoir un cheval à toi, n'hésite pas à faire un stage dans un de ces centres! Ton cheval et toi vous amuserez beaucoup.

Rends-le intelligent

Kylie a raison : plus un cheval découvre de choses, plus il s'amuse et devient proche de toi et intelligent. Ne pense pas qu'il en profitera pour devenir compliqué : au contraire, il sera bien dans ses sabots ! (et toi... dans les tiens... et les siens...)

Lamotte tout confort ?

À part les professionnels, rares sont ceux qui, comme Julie, peuvent se permettre d'avoir un camion avec un appartement ! Un conseil donc, si tu es sélectionnée avec ton club à Lamotte, réserve tes emplacements de tente (ou les chambres d'hôtels) très tôt car il y a beaucoup de monde et faire des allers-retours tous les matins et tous les soirs pour aller jusqu'au terrain, c'est moins sympa que de vivre sur place avec les copains et les chevaux.

Bon pour l'assiette (et le régime)

Monter à cru et surtout sans étrier, c'est excellent pour l'assiette (et c'est du vrai sport...). On sent bien les mouvements du cheval et on apprend à se lier à lui.

Avec un tapis, c'est mieux

C'est plus facile de monter à cru avec un tapis tenu par une sursangle ! ça glisse moins. Sais-tu qu'en Angleterre, lors du grand concours hippique international de l'Olympia, à Londres, il arrive que les cavaliers participent à une épreuve de puissance (saut en hauteur) à cru ? Certains ont sauté plus de 2 m ainsi !

Attends-le

Pour ne pas être surpris par le saut et bien suivre le mouvement à l'obstacle, regarde toujours loin devant toi (ou l'obstacle suivant), ne te jette pas en avant, attends ton cheval en fermant bien tes jambes et en restant le buste légèrement redressé (rentre ton ventre !).

Sacré stress

C'est normal, par moments, de ne pas se sentir prêt avant une échéance importante. Ca arrive à tout le monde. C'est une des manifestations du stress. Le mieux, pour ne pas angoisser, c'est de travailler avec méthode, de régler les points qui ne vont pas les uns après les autres, d'écouter les conseils… mais pas ceux qui se plaignent ou ont peur et te contaminent, et de se concentrer sur ce qu'on doit faire. De te souvenir aussi que tu ne dois pas abandonner ton cheval, tu en es responsable. Et quand tu angoisses quand même, pense à bien souffler pour ne pas transmettre ton anxiété à ta monture. Souvent, une fois à cheval avec la concentration, l'angoisse disparaît.

Comment ça stressé ? (Bis)

Autant comme c'est une très bonne idée de monter des chevaux différents pour progresser et apprendre à s'adapter… autant comme ce n'en est pas forcément une de changer quelques semaines avant une échéance importante. Charlotte est victime encore une fois du stress, qui a décidément plus d'un tour dans son sac pour nous effrayer. Mais quand on s'entend bien avec un cheval, il ne faut pas trop s'angoisser, simplement continuer à appliquer les bonnes recettes qui ont fonctionné jusqu'ici. Inversement, ne pense pas que c'est du tout cuit ! Tant que la ligne d'arrivée n'est pas franchie, l'épreuve n'est pas gagnée. Concentration, concentration !

Stressant aussi… Pour les chevaux

Des études ont confirmé que le plus stressant pour un cheval de concours, ce n'est pas le concours, c'est… le transport. Tu dois donc tout faire pour que ton cheval se sente bien dans ses sabots en adaptant ses couvertures à la chaleur, en veillant à ce que ses membres soient bien protégés, qu'il ait du foin, ou encore à boire si le transport dépasse 2h etc.

2h au moins avant une épreuve

Les chevaux doivent manger à heures régulières, au moins trois fois par jour en raison de la petite taille de leur estomac. En concours, ils doivent avoir fini de manger 2h au moins avant leur épreuve : tu dois donc t'adapter à leurs horaires, et pas l'inverse... Pense à toujours donner dans l'ordre : eau, foin puis granulés. Juste après l'épreuve, donne à boire en « coupant » l'eau c'est-à-dire en interrompant le cheval pour ne pas qu'il boive trop d'une traite. Tu peux mettre 2 doigts dans sa bouche au niveau de la commissure des lèvres pour l'obliger à faire une pause.

Mettez-vous dans l'ambiance

Faire marcher le cheval au pas en main sur le terrain, le faire brouter tranquillement à l'écart du passage bien sûr, ça lui dégourdit les jambes après un transport un peu long et ça le détend en le mettant dans l'ambiance. Comme toi en somme.

Intéresse-toi aux autres

Excellente idée de Myrtille, d'aller regarder les autres cavaliers et les autres épreuves; c'est indispensable (quand tu as suffisamment de temps avant ton passage bien sûr) car cela te permet de voir la façon dont ils gèrent les difficultés, l'état du sol, de repérer les endroits qui inquiètent les chevaux pour pouvoir ensuite anticiper. Et si ce sont de bons cavaliers, cela va t'influencer très favorablement.

Une épreuve sans selle ?

Ce genre de mésaventures n'arrive pas souvent heureusement mais voici au moins une bonne raison de savoir monter sans selle !

Encourage tes amis... mais jusqu'à un certain point

Encourager les cavaliers est particulièrement bienvenu en pony-games, en horseball et dans les jeux d'équipes ou même sur un cross, mais ne le fais surtout pas en dressage... où tu pourrais effrayer le cheval. Et ne donne jamais non plus de conseils ou d'indications (par exemple « à gauche ! ») à un cavalier, car cela pourrait passer pour une aide extérieure et il serait éliminé...

Règlement, règlement

Le genre de problème que rencontrent les Miss peut effectivement se produire : renseigne-toi toujours avant de modifier un équipement entre deux manches d'une même épreuve ou demande à ton moniteur.
Et bonne chance... à Lamotte !

Retrouve LES CAVALIÈRES sur Facebook :
les cavalieres-la BD
et sur leur blog :
bd-lescavalieres.skyrock.com
facebook

Accueil
Profil
Compte
Recherche
les cavalieres-la BD
Rejoindre
Mur
Infos
Discussions
Nouveau !
Infos générales
Nom :
Catégorie :
Description :
Niveau de confidentialité :
les cavalieres-la BD
Arts et loisirs – BD et
Pour tous les fans de
jeunes fans de chev
Ouvert : tout le co
ntures de 4
Coordonnées
Adresse électronique :
Site web :
Bureau :
Adresse :
virginiebruneau
http://petitape
Le Graouli,
613 route de
Actualités récentes
Actualités :
sortie le 3
Welcome !
Virginie Bruneau
Virginie de Lambert
Les Cavalières
Le plus beau poulain du monde
Hey ! Salut la compagnie !
Nous c'est les Miss, les jolies héroïnes de la BD "Les Cavalières" ! Bienvenue sur notre blog !
Ici, vous pourrez tout découvrir de nous et de nos aventures au club des Elfes D'Or, ain chevaux préférés !
De plus, vous pourrez aussi trouver quelques conseils et autres explications de notre
N'hésitez pas à partager vos idées et vos commentaires avec nou
Prenez soin de vous, et n'oubliez pas :
VIVE L'EQUITATION !
2 kiffs
Ajouter un commentaire
23 commentaires
#Posté le mardi 20 juillet 2010 10:17
Modifié le ma

Maquette : Serge Carpentier

Achevé d'imprimer en avril 2011 chez Lego en Italie - Dépôt légal : mai 2011 • ISBN : 978-2-7324-4648-6
Loi n° 49-956 du 16 juillet 1949 sur les publications destinées à la jeunesse